L'INTERNATIONALE

SON BUT — SON DANGER

PAR

A. TENAILLE

ANCIEN CHEF DE LA SURETÉ

ANCIEN COMMISSAIRE DE POLICE A PARIS

Prix : **1** franc

PARIS

E. DENTU, LIBRAIRE-ÉDITEUR

PALAIS-ROYAL, 15, 17, 19, GALERIE D'ORLÉANS

1880

L'INTERNATIONALE

SON BUT — SON DANGER

L'INTERNATIONALE

SON BUT — SON DANGER

PAR

A. TENAILLE

ANCIEN CHEF DE LA SURETÉ

ANCIEN COMMISSAIRE DE POLICE A PARIS

PARIS

E. DENTU, LIBRAIRE-ÉDITEUR

PALAIS-ROYAL, 15, 17, 19, GALERIE D'ORLÉANS

1880

L'INTERNATIONALE

SON BUT — SON DANGER

Monsieur le Député et très cher ami,

Vous ne croyez pas, dites-vous, au péril social.

Permettez-moi de ne pas partager votre quiétude et de vous démontrer que, en France, les sectaires du socialisme de 1880 sont membres d'une association puissante en Europe, l'*Internationale*.

Que cette société, si elle sait choisir son heure, — et elle le saura, — est organisée de manière à secouer terriblement notre cher pays et même à le détruire à jamais, si la Providence ne vient pas aussi, à son heure, placer sur son chemin la *petite pierre* qui a déjà sauvé notre nationalité de semblables cataclysmes.

Vous ne croyez pas à la force du parti de la liquidation sociale, et même vous niez le socialisme parce que votre Dieu, M. Gambetta, ce lettré, bien plus de l'académie d'Athènes que de l'école de Sparte, a jugé opportun de dire que ni le mot ni la chose n'existaient.

Le mot est nouveau, je l'accorde ; mais si Bescherelle ne le connaissait pas, les congrès socialistes de Paris, de Lyon et de Marseille nous ont indiqué sa valeur, et vous en trouverez la définition très détaillée dans le Code pénal, aux articles : Assassinats, Vols à main armée, Incendies, Pillages. Ce sont là de gros mots, sans doute, mais ils ne sont que l'étiquette des doctrines émises par les socialistes-collectivistes.

Vous pensez, mon cher ami, que ces doctrines sont sans danger, à cause de leurs exagérations mêmes, et que le bon sens général en fera justice parce que les nations ne peuvent exister que par la grâce des idées conservatrices.

Je l'admets jusqu'à un certain point. Je ne prétends pas dire que les socialistes-collectivistes constitueraient un état viable ; mais, aidés par des ambitieux et des inconscients, ces socialistes n'en amèneront pas moins un bouleversement si les hommes qui nous gouvernent persistent dans leurs doctrines antilibérales, despotiques et continuent à nier les questions sociales au lieu de les résoudre.

Les inégalités sociales ne disparaîtront sur la terre que le jour où disparaîtront aussi tous les vices et tous les défauts, que le jour où tous nous aurons au même degré les mêmes vertus, la même intelligence, les mêmes aptitudes et les mêmes forces physiques. C'est-à-dire jamais !

Donc, ceux qui conduisent les sociétés doivent avoir pour but l'amélioration du sort des déshérités.

C'est ce qu'ont promis, avant d'arriver au pouvoir, les hommes qui nous gouvernent actuellement.

Or, qu'ont fait depuis dix ans ces réformateurs, pour les classes nécessiteuses ? Rien.

Ces hommes ont jeté dans l'esprit du peuple des désirs dont il attend vainement la satisfaction.

Ah oui, il faut aboutir !

Et je vais vous en démontrer l'urgence en vous prouvant que, depuis la fondation de la société l'*Internationale*, en 1864, les sectes de cette société, dont les doctrines socialistes, révolutionnaires, collectivistes, vous sont connues, se sont développées et organisées d'une façon affreusement inquiétante pour la société, non seulement en France, mais encore en Allemagne, en Russie, en Suisse, en Belgique, en Autriche, en Danemark, en Hollande, en Espagne, en Italie, c'est-à-dire dans toute l'Europe.

Les idées socialistes se posèrent, en France, vers 1830, après la révolution de Juillet ; mais les chefs n'avaient pas de programme défini.

Ils disaient bien vouloir affranchir les ouvriers de l'exploitation du capital ; mais comme les prolétaires n'avaient ni droits politiques, ni même de moyens de publicité, ces chefs en étaient réduits, pour tenir le peuple en haleine, à fomenter des émeutes par les sociétés secrètes, et ces émeutes étaient aussitôt réprimées, l'immense majorité de la nation restant réfractaire aux idées nouvelles.

Le progrès fait par le socialisme se manifesta en juin 1848. Cependant ses doctrines n'étaient pas encore généralisées. Les faire connaître alors dans leur vérité, c'eût été effrayer le monde. Aussi la société l'*Internationale*, à sa fondation, se donna-t-elle pour mission d'affirmer, par tous les moyens possibles de publicité, livres, brochures, journaux, qu'elle ne poursuivait que l'amélioration progressive du sort des travailleurs et la revendication, pour eux, de certains droits politiques.

Sur ces bases, cette société prit en quelques années un développement considérable dans toute l'Europe.

Les ouvriers des grands centres et des centres manufacturiers s'y enrôlèrent en masse ; et par le sou dit « de l'atelier » et par les dons des libéraux, qui, dans le principe, n'ont pas vu le but final de cette redoutable association, l'Internationale put fonder de nombreux journaux, soutenir des grèves formidables et faire une propagande socialiste telle, que les gouvernements en prirent peur.

Telles furent en effet la rapidité et la solidité avec lesquelles s'est établie cette société, qu'il serait tout à fait impossible de le comprendre si on ne savait que ses chefs sont « les enfants pervers de la franc - maçonnerie, cette antichambre des sociétés secrètes », et que tous ses cadres, par conséquent, étaient formés depuis longtemps quand elle s'est constituée en octobre 1864.

Il est de notoriété que la Suprême Vente de la franc-maçonnerie, société vieille de cent cinquante ans en Europe, mène nos révolutions.

Son programme n'est plus un mystère.

Elle veut établir la République Universelle, substituer la science à la foi et remplacer l'Église chrétienne « dont les dogmes paralysent le libre examen » par « sa propre et sublime religion sociale, » avec son Être suprême.

Malheureusement « toujours un radical trouve un plus radical », et ce programme des libres-penseurs des Hautes Ventes de la franc-maçonnerie, si bien mis en pratique chez nous par nos gouvernants, tous francs-maçons, ne suffit pas

« aux enfants pervers » : leur but est le règne du quatrième État, sans le « *nommé Dieu* », sans l'Être suprême. Aussi les F∴ Rochefort et Félix Pyat sont-ils entrés en lutte avec les F∴ Gambetta et Jules Ferry.

Ils disent :

« Qu'est-ce que le ciel ? La Science a démontré que c'est une rêverie, un mensonge. Nous en concluons qu'il faut que nous prenions notre paradis sur la terre. Comment ? en dépouillant les bourgeois de leurs trésors, en rendant ceux-ci à leurs légitimes propriétaires, c'est-à-dire *à nous ;* en faisant la révolution démocratique et sociale. »

Mais avant de vous faire voir la puissance du socialisme collectiviste en France, je veux vous le montrer non moins puissant dans les autres États de l'Europe.

Il serait puéril de vous parler de l'Allemagne et de la Russie.

Vous avez vu, et vous savez aussi bien que moi, que la patrie de Karl Marx, le père de l'*Internationale*, compte plus d'un million d'adhérents aux doctrines socialistes, une centaine de journaux que je pourrais vous montrer et une douzaine de députés au Reichstag.

Quant à l'*Internationale* en Russie, elle se donne pour mission de détruire tout ce qui existe, sauf, pour la prochaine génération, à réédifier un ordre social raisonnable.

Vous savez tout cela ; mais peut-être avez-vous moins suivi le mouvement socialiste en Espagne, en Italie, en Belgique et en Suisse.

En Espagne, les évolutions socialistes se sont produites en 1854, 1866 et 1868. C'est à cette dernière date, surtout, que l'*Internationale* a inondé ce pays de proclamations ultra-révolutionnaires et de journaux ou de brochures traitant de la question sociale.

Tous ces écrits réclament, pour les prolétaires, la possession des instruments de travail.

L'*Internationale* prit alors en Espagne une telle puissance, en raison des nombreuses sociétés fédératives qui s'y formèrent comme par enchantement, que l'on put croire, dit un publiciste du parti, fort versé dans ces questions, que le prolétariat espagnol allait prendre l'initiative de la révolution sociale en Europe.

C'était même la pensée de Bakounine, le chef le plus actif et le plus audacieux de l'*Internationale*.

Il avait envoyé en Espagne des émissaires français et italiens pour propager ses doctrines anarchistes et destructives. C'était trop vouloir pour le moment : les masses n'en étaient encore qu'aux idées réformistes, politiques et progressives de Salmeron et Py y Margall, et cette division dans les doctrines des chefs, cette différence dans les moyens et dans le but, empêchèrent, en Espagne, l'établissement du quatrième État.

Toutefois, avant l'avènement d'Alphonse XII, et sous la république fédérale-radicale qui suivit l'abdication d'Amédée, on comptait encore en Espagne *deux cent quarante-sept fédérations et six cent trente-quatre sections* diverses, toutes enrôlées sous la bannière de l'*Internationale*.

Ces associations socialistes révolutionnaires ont à leur tête des hommes actifs pour la propagande et hardis pour l'action. Aussi soyez persuadé que si les idées subversives sommeillent pour le moment dans ce pays, elles reparaîtront plus vivaces que jamais quand un mouvement révolutionnaire sérieux se produira soit en Espagne, soit en France.

L'*Internationale* n'a pas moins d'influence en Italie.

Dès 1873, il existait plus de vingt journaux qui répandaient dans les classes ouvrières les doctrines fédératives socialistes, et Garibaldi avait, depuis longtemps, fait former des sections dans les principales villes.

Les ouvriers s'y sont affiliés en nombre considérable. A cette date, 1873, Bakounine avait envoyé en Italie, comme en 1868 il avait envoyé en Espagne, des émissaires porteurs de son mot d'ordre : Tout détruire !

Le vieux Mazzini, chef alors reconnu des socialistes, voulait, au contraire, arriver progressivement à l'amélioration morale et matérielle des travailleurs, et ses idées politiques, révolutionnaires mais non anarchistes, dominaient dans les masses.

Mazzini avait hautement et très hardiment combattu le programme nihiliste de Bakounine et l'influence de l'*Internationale*. Aussi lorsqu'en août 1874 les sectateurs de Bakounine et de Garibaldi tentèrent une émeute, le soulèvement fut promptement réprimé.

Comme chez nous après la Commune, ce mouvement amena même une véritable réaction antisocialiste, d'où suivit la dispersion momentanée des membres de l'*Internationale*.

Je dis « momentanée », car l'*Internationale* est une société qui, par cela même qu'elle est européenne, peut-être même générale, renaît de ses cendres.

Les Italiens n'ont pas le caractère moins mobile et ne sont pas moins prompts au ressouvenir ou même à l'oubli que nous Français. Aussi, en 1876, reparurent avec l'*Internationale* les doctrines socialistes révolutionnaires.

Les journaux à bon marché les répandirent dans les masses, d'abord timidement, sous couleur de questions politiques réformatrices ; mais elles ne tardèrent pas à reprendre leurs allures véritables comme en France. Aujourd'hui elles remplacent les doctrines simplement progressives de Mazzini, et croyez bien que, comme en Espagne, beaucoup de bras se lèveraient en Italie pour faire triompher le quatrième État si nous avions une révolution à Paris.

Est-il nécessaire de vous parler de la Suisse ?

Sa neutralité politique permet aux chefs de l'*Internationale* de s'y rencontrer avec tous les révolutionnaires expulsés de leur pays. Aussi trouve-t-on en Suisse la plus riche collection des représentants des idées socialistes, depuis Fourier jusqu'à Bakounine, en passant par Karl Marx, et en allant jusqu'aux disciples Becker, Dupleix, Fritz Robert, Heng, Schewtzguebel, Varlin, Élisée Reclus, Malon, de Pœpe, etc, etc.

Par les soins de l'*Internationale*, toutes ces idées diverses sont groupées en *cent quarante-trois sections,* qui marchent à la conquête des revendications ouvrièrés.

La Belgique, depuis trente ans, est aussi travaillée par les questions sociales ; seulement, ses associations, en général, au lieu d'être révolutionnaires-collectivistes, sont réformistes : affaire de tempérament et d'éducation politique. Mais leurs organisations n'en sont pas moins puissantes, et les cent mille socialistes qui en font partie ont pour organes de propagande seize journaux qui ont suivi ou suivent les doctrines des Collin, des Keyser, des Charlier, des de Pœpe, des Jattrand, des Bartels, des Spolthoven, des Eslens, des Téduco, des Dethasse, des Potvin, des Samuel, des Altmeyer, des Bataille, des Moison, des

Pellering, des Sanson, des Robert, des Fontaines, des Brasseur, des Hins, des Voglet, des Degreef, des Arnould, des Longuet.

Tous ces publicistes et journalistes socialistes revendiquent pour l'ouvrier des droits politiques, des droits au pouvoir, des droits au travail, sans jamais, malheureusement, lui parler de devoirs, et leurs tendances s'accentuent chaque jour pour la marche en avant et une organisation socialiste internationale révolutionnaire.

* * *

Je crois devoir m'arrêter dans l'énumération des États étrangers où la société « l'*Internationale* » a mis le socialisme en mouvement, et ne point vous parler de la Hollande, du Danemark, etc., tant j'ai hâte d'arriver à la France.

Cependant, je ne puis passer sous silence l'empire d'Autriche, où les fédérations socialistes sont aussi nombreuses qu'en Belgique, mais bien plus révolutionnaires.

En 1871, les socialistes de l'Autriche-Hongrie, sous l'inspiration de l'*Internationale*, allaient se soulever quand ils apprirent la défaite de la Commune de Paris.

Les chefs décidèrent aussitôt que le soulèvement à main armée serait arrêté, et ils se contentèrent, en signe de deuil, d'organiser à Bude-Pesth une manifestation pacifique « où l'on vit vingt mille ouvriers, crêpes au bras et au chapeau, défiler silencieusement et tristement par les rues (1). »

Cette solidarité entre les fédérations ouvrières de toutes les nations de l'Europe est naturelle, puisque toutes sont orga-

---

(1) Toutes les citations sont extraites des comptes rendus des congrès et des journaux socialistes.

nisées et menées par une seule et même société, dont les chefs ont pour but unique de faire triompher le droit au gouvernement par et pour les prolétaires.

Les masses obéissent par pure discipline et sans trop comprendre le but et les moyens ; mais qu'importe aux chefs que beaucoup d'adeptes préfèrent arriver progressivement et légalement ! Ce qu'il leur faut, c'est d'avoir dans chaque État tous les prolétaires enrégimentés par *groupes, sections, fédérations*.

Ces chefs, très intelligents, très actifs, très révolutionnaires, sauront bien profiter d'un moment opportun pour lancer dans la rue ces masses grisées de fausses espérances par leur propagande démoralisatrice et subversive.

Et ces chefs de l'*Internationale*, ces révolutionnaires socialistes ont beau jeu en France pour battre en brèche le pouvoir, puisque la plupart des hommes qui le détiennent n'y sont arrivés que par des procédés analogues aux leurs, c'est-à-dire en démoralisant le peuple par l'exemple de leur haine contre la religion, en faisant aux électeurs des promesses tellement insensées, qu'ils savaient ne pouvoir les tenir sans ruiner le pays et même sans le livrer désarmé à l'étranger par la suppression des armées permanentes, chez nous, quand tous nos voisins se ruinaient en armement.

Pourquoi M. Gambetta, ce tribun si puissant, n'a-t-il pas tenu son programme de Belleville :

« Suppression des armées permanentes,
» Suppression du budget des cultes,
» Séparation des Églises et de l'État,
» Suppression des octrois,
» Suppression des gros traitements,

» Nomination à l'élection de tous les fonctionnaires,

» Liberté d'association pleine et entière,

» Liberté de réunion sans entrave et sans piège,

» Liberté de la presse dans toute sa plénitude,

» Modification de notre système d'impôt,

» Liberté individuelle désormais placée sous l'égide des lois et non soumise au bon plaisir du gouvernement et à l'arbitraire administratif,

» Réformes économiques qui touchent au problème social ? »

Pourquoi ?

Parce que M. Gambetta savait bien qu'il était irréalisable, et véritablement il a eu bien tort d'écrire : « Citoyens électeurs, ce mandat, je l'accepte. Nous voilà donc réciproquement d'accord; notre contrat est complet. Je suis à la fois votre mandataire et votre dépositaire. Je fais plus que consentir; voici mon serment : Je jure obéissance au présent contrat et fidélité au peuple souverain ! »

N'est-ce pas le cas de penser avec Proudhon : « Blagueur ! » car dites-moi si maintenant M. Gambetta réclame la « suppression des gros traitements, la suppression des armées permanentes » et si la liberté individuelle, qu'il disait vouloir complète, intégrale, sans restrictions, n'est pas plus que jamais soumise au bon plaisir du gouvernement et à l'arbitraire administratif.

M. Gambetta est pris dans ses filets.

« C'est porté par les flots du quatrième État, que le maître des destinées de la France s'est élevé des bas-fonds du café Procope aux splendeurs du Palais-Bourbon.

» Pourquoi n'y sommes-nous pas avec lui ? »

Voilà le bout de l'oreille ; aussi les socialistes le somment d'exécuter les folies qu'il a promises, qu'il a même provoquées, et tous les matins on lit dans les journaux rédigés pour le peuple que c'est le minimum des réformes à faire.

Ces hommes disent au peuple : « Tu es souverain, tu es le nombre, tu es la force. Groupe-toi, fédéralise-toi, deviens légion, et alors tous tes mandataires repus, qui t'ont trompé, tu les chasseras ; tu feras tes affaires toi-même ; tu prendras cet infâme capital qui t'exploite ; tu prendras la mine où seul tu descends, la terre que seul tu arroses de tes sueurs, l'usine, les machines ; tu prendras tout. N'aie pas de scrupule, car c'est aux bourgeois, et ils l'ont volé en 89, dans une révolution qu'ils n'auraient pu faire sans toi.

» Nous sommes communistes parce que nous voulons que la terre, que les richesses naturelles ne soient plus appropriées par quelques-uns, mais qu'elles appartiennent à *la communauté.*

» Il n'y a que l'appropriation collective des instruments de travail, des matières premières, des mines et de tous les moyens de circulation et d'échanges qui peut supprimer le salariat et toutes ses conséquences.

» Donc la propriété individuelle doit disparaître pour faire place à la propriété collective et inaliénable.

» Il y a plusieurs sortes de propriétés à détruire.

» La propriété de l'outillage, la propriété foncière, la propriété mobilière et d'autres propriétés encore. Il est nécessaire que les groupes soient préparés, afin que, le jour de la révolution, la propriété entière soit détruite de la façon la plus complète. De ce jour, la contre-révolution ne pourra se faire jour, et je défie aux propriétaires de venir chercher ce que les prolétaires auront pris. »

Pourquoi voulez-vous que le peuple, déçu dans les espérances qu'ont fait naître les hommes qui nous gouvernent, ne se tourne pas vers l'*Internationale* qui lui promet de les réaliser ? Pourquoi voulez-vous qu'il refuse de se grouper, de se mettre en sections, de se fédéraliser et de devenir « Légion » pour n'avoir plus qu'à souffler sur vos institutions, que vous vous plaisez d'ailleurs à désorganiser de toutes les façons ?

Eh bien, nierez-vous toujours le péril social si je vous démontre qu'en France, depuis 1872, l'*Internationale* a formé, établi, constitué des légions de prolétaires dans tous les grands centres et qu'elle les organise actuellement pour revendiquer leurs droits par le bulletin de vote « arme d'agitation seulement », ajoutant, pour y habituer les esprits, que ce bulletin servira de bourre de fusil, si c'est nécessaire ? car « le fusil est une arme bien autrement efficace. »

Or, persuadez-vous bien que les chefs de l'*Internationale* trouveront un moment opportun où cela sera nécessaire.

« Nous constaterons aussi que le suffrage universel ne peut non plus donner des résultats définitifs, car le jour où le vote réaliserait nos espérances, nul doute que la bourgeoisie ne méconnaisse la légalité pour empêcher l'avènement du prolétariat, et n'emploie la force pour maintenir sa domination de classe.

« La logique et le bon sens nous forcent donc d'être révolutionnaires, et nous montrent la force comme le seul argument décisif et irréfutable. »

*
* *

Pourquoi nier la question sociale ?

Quand on s'est mis à la tête d'une nation comme la France,

riche par la fertilité de son sol, riche par son commerce, par son industrie, on a dû songer, je suppose, à constituer une société bien organisée. Or, est-ce une société bien organisée que celle qui n'assure pas le pain aux vieillards, aux infirmes, aux orphelins pauvres, qui n'assure pas les secours aux malades indigents ; que celle où le prolétaire, père d'une nombreuse famille, doit prélever sur son salaire, déjà insuffisant pour l'existence de tous, sept ou huit fois plus d'impôts de consommation, pour vivre lui et les siens, qu'un millionnaire célibataire ?

Ces réformes avaient été promises !

Il fallait s'occuper de les établir aussitôt après la Commune.

Le collectivisme alors venait d'être *saigné à blanc*, pour me servir de l'expression à la fois énergique et désespérée de l'un de ses adeptes, et on pouvait supposer qu'il ne se relèverait pas de longtemps ; mais c'était compter sans l'*Internationale*, société, je le répète, qui ne peut être détruite, parce que ses chefs étant partout, un pays seul ne peut l'anéantir.

Il lui fallait absolument reconstituer le parti et grouper les ouvriers, afin de les tenir fréquemment agités par des grèves.

Les grèves bien soutenues ont plusieurs avantages pour le parti révolutionnaire.

Elles prouvent au prolétaire la puissance de l'association ; elles lui démontrent : « Que ses intérêts sont solidaires, qu'il n'est plus seul en face du capital, qu'il est une collectivité de travailleurs pouvant faire respecter ses droits. Elles lui donnent aussi conscience de sa force par la fédération générale ; enfin elles l'empêchent de s'endormir, de s'amollir ; elles l'agitent, elles le tiennent en haleine. »

Les nombreuses grèves de l'année dernière et de cette année vous ont surabondamment démontré qu'il y a solidarité entre tous les syndicats de France. D'ailleurs, le parti ne s'en cache pas, il le publie partout, et j'avoue que je serais le plus heureux des Français si cette solidarité n'avait pour but que l'amélioration du sort des travailleurs. Mais cette solidarité, nécessaire dans chaque corps d'état séparé, devient un danger quand les corps de métiers sont fédéralisés. Cette force, entre les maius d'une société révolutionnaire comme l'*Internationale*, m'effraye autant pour les prolétaires que pour la bourgeoisie, parce que les revendications actuelles, formulées par les chefs de cette société, n'étant basées que sur la violence et le vol, loin de pouvoir constituer un État durable ne peuvent que bouleverser la société de fond en comble.

Donc, après la Commune, tout le parti avait été dispersé, et il s'agissait de le reconstituer.

Des chefs nouveaux et ceux des anciens chefs qui n'étaient pas assez compromis pour ne plus oser rentrer en France, songèrent à faire cette reconstitution sans porter ombrage au pouvoir. Ces apôtres du socialisme, qui crient tant aujourd'hui après l'opportunisme, se firent opportunistes : ils marchèrent lentement, mais sûrement.

Quand avait paru la loi du 25 mai 1864 qui permettait les coalitions, les patrons, pour résister aux grévistes, avaient formé des syndicats, bien que la loi les eût abolis.

Mais le gouvernement, en 1872, ne tenait pas la main à l'exécution des lois réellement existantes, et du moment qu'il tolérait les syndicats de patrons, il fallait bien qu'il en vînt à tolérer les syndicats d'ouvriers. Aussi tous les organes du parti socia·

liste, soutenus par les organes du parti radical, poussèrent-ils les ouvriers à se syndiquer, et la chose était facile dans un pays où la presse est libre.

Tous les jours les prolétaires furent sollicités à se grouper.

On leur disait : « Sans organisation, la grève est une lutte insensée, la lutte du pot de terre contre le pot de fer ; donc, que les travailleurs s'organisent.

» Par les délégués des syndicats il faut former une chambre fédérale, et si une grève devient indispensable dans un corps de métier, tout le prolétariat sera debout pour la soutenir. »

Puis, quand ces prédications de chaque jour eurent amené le résultat voulu, on put dire : « Les syndicats fortement constitués, puis fédérés dans une union qui les englobe tous, doivent précipiter le mouvement social avec cette vigueur torrentielle que les sections jacobines imprimèrent, au dernier siècle, à la Révolution française. Allons, en route, au but, au fait ! Que la bande se fasse légion, que la foule devienne armée !

» Que chaque chambre syndicale délègue deux de ses membres à un conseil supérieur, où s'élaborera en commun le programme politique.

» Organisés de la sorte, prolétaires, vous n'aurez plus rien à demander, vous n'aurez plus qu'à *prendre*. Vous régénérerez la société, dont le développement humanitaire n'est possible que par l'avènement du quatrième État, c'est-à-dire de la classe ouvrière. »

On dit encore et sur tous les tons :

« Armée, police, clergé, magistrature, finances, administration, tout cela se tient, tout cela se soutient l'un par l'autre ; et vous, prolétaires, qu'avez-vous à mettre en ligne contre *ce monstrueux appareil de la civilisation, contre ce formidable, cet éternel ennemi?* Votre isolement !

» Donc, pour la lutte, se grouper, n'importe le mode.

» Toutes les formes d'agrégation des forces ouvrières sont bonnes, pourvu qu'il y ait groupe.

» Il faut être légion pour vaincre. De tous côtés formons d'abord l'escouade. Les syndicats *prépareront* la vaste fédération des travailleurs qui, seuls, ont qualité et puissance pour inaugurer la révolution sociale.

» Là est la question capitale : escouades, syndicats, groupes d'ordre supérieur avec des délégués, et formation d'une vaste fédération des métiers sur toute la surface du territoire. »

Puis enfin :

« On constituera des associations fortement organisées qui, *bon gré, mal gré,* engloberont tous les ouvriers de chaque profession, de manière à former autant de faisceaux compacts, en dehors desquels *il n'y ait point de place pour ceux qui voudraient conserver leur indépendance individuelle.*

» Un bureau portant un titre modeste servira de lien entre tous les syndicats, entre tous les autres groupements, c'est-à-dire *constituera le comité central, le pouvoir exécutif, le gouvernement de la démocratie ouvrière, prêt à se substituer, quand le moment sera venu, à celui de la bourgeoisie.* » Mais « évitons les pièges, les provocations, attendons les circonstances, et profitons-en. En attendant, ayons des chefs prudents, courageux, expérimentés, *des secrets plus profonds,* des réunions plus intimes, une discipline plus parfaite et *une résolution arrêtée.* »

*
* *

Mon cher ami, est-ce clair ? et ne pensez-vous pas qu'une organisation semblable, disposant de masses considérables, ne serait pas effectivement une force bien à redouter pour la bourgeoisie « quand le moment serait venu *de se substituer à elle ?* »

Eh bien, cette organisation, cette force, existent.

Les prolétaires, les ouvriers, ont répondu depuis dix ans à ces appels de tous les jours.

Le programme de l'*Internationale* a été suivi, et il a même dépassé les espérances de ses auteurs.

Effectivement, on compte actuellement, à Paris, *cinquante-huit* syndicats ouvriers fédérés avec les syndicats établis en France dans tous les grands centres et les centres manufacturiers, et correspondant avec *cinquante* associations révolutionnaires très puissamment organisées à Paris.

Ces cinquante associations et ces cinquante-huit syndicats fédérés avec tous les syndicats de France ont de plus, à Paris, — ce que voulait l'*Internationale* pour triompher, — un bureau portant un titre modeste, « qui constitue le comité central, le pouvoir exécutif, le gouvernement de la démocratie ouvrière, prêt à se substituer, quand le moment sera venu, à celui de la bourgeoisie. »

Ces syndicats, à Paris, sont ceux des corps d'états suivants :

Apprêteurs sur étoffe ;

Balanciers, bijoutiers-orfèvres, bijoux dorés, bijoux acier et petit bronze, bronziers ;

Cartonniers, chauffeurs, charpentiers, chocolatiers, cochers, coiffeurs, cordonniers, coupeurs-tailleurs, couvreurs-plombiers-zingueurs, cuirs et peaux, cuisiniers - restaurateurs - limonadiers ;

Dessinateurs en constructions, doreurs ;

Ebénistes, enduiseurs, employés de commerce ;

Facteurs d'orgues et de pianos, ferblantiers, fleurs artificielles, fondeurs, fondeurs en caractères, fumistes ;

Graveurs ;

Instruments de chirurgie, industrie des glaces, jardiniers ;

Maçons, marbriers, maréchaux-ferrants, mécaniciens, mécaniciens en précision, menuisiers, modeleurs, mouleurs en fonte ;

Outilleurs en bois ;

Papetiers-régleurs, papetiers-relieurs, pâtissiers, peintres en bâtiments, peintres en voitures, peintres en décors (bois et marbre), portefeuillistes, professeurs de l'enseignement laïque libre ;

Scieurs de long, selliers, serruriers ;

Tailleurs d'habits, tailleurs de pierres, teinturiers-dégraisseurs, terrassiers, tourneurs sur bois, tourneurs-robinettiers, tourneurs-décolleteurs, typographes ;

Vanniers.

Quant aux cinquante comités révolutionnaires dont je vous parlais plus haut, voici ce que dernièrement en disait un journal non socialiste, il est vrai, en publiant la liste que vous lirez plus loin :

« Le département de la Seine ne forme plus, pour ainsi dire, qu'un vaste club dans lequel se discute la révolution. Plus de cinquante comités arborent au soleil le drapeau de l'*Internationale* :

1° Comité central socialiste d'aide aux amnistiés et non amnistiés, 8 et 10, impasse Saint-Sébastien ;

2° L'Union sociale des travailleurs de la Seine, 61, boulevard de Belleville ;

3° La Fédération des groupes collectivistes et communistes, 252, rue Saint-Jacques ;

4° Le Cercle des égaux, 101, rue Monge ;

5° L'Union des travailleurs, 47, rue de Cléry ;

6° Le Groupe du journal *le Prolétaire*, 47, rue de Cléry ;

7° Le Groupe du journal *l'Égalité*, 28, rue Royale (St-Cloud) ;

8° Le Groupe du journal *le Père Duchêne*, 24, rue Belle-Hache (Sèvres) ;

9° Les Groupes mixtes du droit des femmes, 6, rue Cail ;

10° Le Comité d'aide aux grévistes présents et futurs, 120, rue Monge ;

11° La Ligue contre la Rente d'État, 7, rue des Sept-Voies ;

12° Les Comités blanquistes, 31, rue des Couronnes ;

13° Les Socialistes positivistes ;

14° Le Comité socialiste révolutionnaire du Ier arrondissement, 11, rue Bertin-Poirée ;

15° Le Comité-Cercle d'études sociales du IIIe arrondissement, 47, rue Turenne ;

16° Le Comité-Cercle d'études sociales du IVe arrondissement, 131, rue Saint-Martin ;

17° Le Comité-Cercle ultra-révolutionnaire socialiste du Ve arrondissement, 101, rue Monge ;

18° Le Comité-Cercle ultra-révolutionnaire socialiste du VIe arrondissement, 24, rue du Four-Saint-Germain ;

19° Le Comité-Cercle ultra-révolutionnaire socialiste du IXe arrondissement, 8, rue Montyon ;

20° Le Comité-Cercle ultra-révolutionnaire socialiste du X° arrondissement, 15, rue Corbeau ;

21° Le Comité-Cercle ultra-révolutionnaire socialiste du XI° arrondissement, 87, rue Oberkampf ;

22° Le Comité-Cercle ultra-révolutionnaire socialiste du XII° arrondissement, 97, rue de Charenton ;

23° Le Comité-Cercle ultra-révolutionnaire socialiste du XIII° arrondissement, 50, rue Lebrun ;

24° Le Comité-Cercle ultra-révolutionnaire socialiste du XIV° arrondissement, 1, rue de Vanves ;

25° Le Comité-Cercle ultra-révolutionnaire socialiste du XV° arrondissement, 22, rue Jeanne ;

26° Le Comité-Cercle ultra-révolutionnaire socialiste du XVII° arrondissement, 18, rue des Epinettes ;

27° Le Comité socialiste révolutionnaire du XVIII° arrondissement, 5, Grande-Rue de la Chapelle ;

28° Le Comité socialiste révolutionnaire du XIX° arrondissement, 4, place de la Chapelle ;

29° Le Comité socialiste révolutionnaire du XX° arrondissement, 31, rue des Couronnes ;

30° La Bibliothèque socialiste révolutionnaire (groupe), 3, rue François-Miron ;

31° La Bibliothèque positiviste révolutionnaire (groupe), 58, rue Réaumur ;

32° Le Groupe socialiste collectiviste belge, 2, rue de la Bastille ;

33° Le Groupe communiste allemand, 2, rue de la Bastille ;

34° Le Groupe nihiliste russe, rue Bertholet ;

35° Le Groupe socialiste anarchiste, 2, rue de la Bastille ;

36° Le Comité socialiste révolutionnaire d'Argenteuil (Argenteuil) ;

37° Le Comité socialiste révolutionnaire d'Asnières (Asnières) ;

38° Le Comité socialiste révolutionnaire de Bercy, impasse du Moulin-Joli ;

39° Le Comité socialiste révolutionnaire de Boulogne-sur-Seine, Rond-Point de Seine ;

40° Le Comité socialiste révolutionnaire de Champigny, rue de Paris, salle Renout ;

41° Le Comité socialiste révolutionnaire de Charenton-Saint-Maurice, rue de Paris ;

42° Le Comité socialiste révolutionnaire de Charonne, 48, rue de la Réunion ;

43° Les Socialistes révolutionnaires fédérés du canton de Courbevoie, 10, rue de Paris, Courbevoie ;

44° Les Socialistes révolutionnaires fédérés du canton d'Issy ;

45° Les Socialistes révolutionnaires fédérés du canton de Meudon, 26, rue de Paris ;

46° La Bibliothèque socialiste de Montreuil (groupe), 94, rue de Montreuil ;

47° Le Comité blanquiste, société révolutionnaire de Neuilly, avenue de Neuilly ;

48° Le Comité blanquiste, société révolutionnaire de Nogent-sur-Marne ;

49° Le Comité blanquiste, société révolutionnaire de Pantin, 44, rue des Petits-Ponts ;

50° Le Comité socialiste ultra-révolutionnaire de Saint-Ouen, 13, rue des Rosiers ;

51° Le Comité socialiste ultra-révolutionnaire de Puteaux, 11, rue Mars et Roty ;

52° Le Comité socialiste ultra-révolutionnaire de Suresnes, 27, rue Saint-Antoine (Suresnes).

Et tous ces comités socialistes ultra-révolutionnaires sont sous les ordres d'un comité exécutif central, qui dirige le mouvement, fait de la propagande et prépare le congrès régional. Son siège social est, 13, impasse Ménilmontant ; il a ses commissaires, ses secrétaires, son trésorier.

C'est-à-dire qu'à l'heure actuelle la société l'*Internationale* tient dans sa main, par les syndicats, une énorme quantité d'ouvriers plus ou moins conscients du but où on les mène et englobe par ses groupes de quartiers et d'arrondissements, par ses sections, un très-grand nombre d'individus voulant la révolution sociale.

*
* *

Si le droit de manifester existait en France comme il existe en Angleterre (or, à Paris, ce droit se prend), les chefs de l'*Internationale* pourraient facilement, en moins de huit heures, jeter sur la voie publique cinquante mille ouvriers.

Ces ouvriers, doués pour la plupart d'intentions pacifiques, seraient précédés de mécontents bien disciplinés, si nombreux à Paris depuis la rentrée des communards, et suivis de cette lie du peuple qu'on ne trouve que dans les grands centres, qu'on ne voit à Paris que dans les émeutes, et le tout commandé par un millier de personnages qui pensent d'abord que les F∴ Gambetta, J. Ferry et tant d'autres sont bien heureux d'avoir fait faire une révolution par les prolétaires, et ensuite que l'infâme bourgeoisie doit être supprimée :

» Parce qu'elle a monopolisé tous les avantages depuis 1789 ;

» Qu'elle garde pour elle seule les immenses richesses sociales ;

» Qu'elle a transformé les prolétaires en instruments purement productifs pour elle ;

» Qu'elle a déchaîné contre leurs justes aspirations, en 1871, les répressions les plus sanglantes des temps modernes ; mais que la conscience humaine n'est pas morte et qu'enfin, puisque *les iniquités de l'opportunisme ont fait s'entr'ouvrir les fosses communes bourrées des milliers de cadavres des défenseurs des libertés et du progrès,* il faut que l'idée sociale profite des trente mille cervelles écrasées pendant la semaine sanglante. »

Dites-moi, mon cher ami, s'il a fallu autant de haines accumulées et autant de forces aussi habilement organisées que celles de la société l'*Internationale* « pour renverser le gouvernement de Louis-Philippe. »

Et cependant, en 1848, le parti de la révolution n'avait rien prévu, rien organisé, rien arrêté.

Aujourd'hui, au contraire, tout est prévu, organisé, arrêté.

Le gouvernement du quatrième État est déjà composé ; et comme les chefs de l'*Internationale* sauront choisir le moment propice, ainsi qu'ils l'expliquent : « *Quant à l'émeute,* qu'on le sache une fois pour toutes, plus nous sommes révolutionnaires, plus nous proclamons, en nous fondant sur l'expérience de toute l'histoire, que, comme l'affranchissement du Tiers, l'affranchissement du *Quatrième* État est *au prix d'une révolution*, et moins nous pourrions nous prêter à des échauffourées sans portée et sans but », ils feront très facilement de la manifestation pacifique une révolution, à la stupéfaction des bons bourgeoïs et de nos gouvernants libres-penseurs despotes, qui l'auront bien voulu, puisque ce sont eux qui, inconsciemment je le veux bien, ont ouvert un précipice qu'ils ne pourront plus fermer parce qu'ils ont désagrégé toutes nos institutions : armée, police, clergé, magistrature, administration, enfin « tout ce monstrueux appareil de la civilisation. »

Est-ce que l'esprit des Décrets du 29 mars n'est pas le même que celui des socialistes qui disent : « Et vous horde infâme, jésuites, capucins, *prêtres,* récollets et toute la clique cléricale, votre dossier est terrible : malheur à vous. »

Et cette révolution anarchiste et terroriste, *cette république de la rue Haxo,* aura l'approbation et l'appui de plus de vingt de vos collègues, de quelques sénateurs peut-être, mais, pour certain, d'une soixantaine de conseillers municipaux de la ville de Paris et, naturellement, des journaux socialistes et radicaux qui comptent plusieurs millions de lecteurs. Aussi, soyez convaincu qu'en quarante-huit heures ce gouvernement sera posé avec toutes ses conséquences.

Alors, quand ces hordes auront triomphé de la civilisation moderne, que de victimes ! que de massacres ! pour que « l'idée sociale profite des trente mille cervelles écrasées pendant la semaine sanglante. »

Et pour satisfaire les vengeances implacables des communards amnistiés qui, eux, n'oublient pas, « la commission des grâces, le Sénat et son train seront exclus de l'amnistie du peuple », et avec eux et comme eux, les prêtres, les magistrats, les chefs de l'armée.

Car « c'est d'eux et de leurs pareils que viennent toutes nos misères et toutes nos pauvretés.

Rappelez-vous ces paroles sinistres prononcées dans un congrès : « Si cent mille têtes font obstacle, qu'elles tombent ! »

» Quand donc sonneras-tu, tocsin des représailles, l'heure de la vengeance ? »

Vous voyez, mon cher ami, que ces socialistes ont actuellement la franchise de leur opinion. Depuis qu'ils se sentent forts, ils sont loin de prêcher l'abolition de la peine de mort et ils avouent leurs intentions de ne point nous gouverner par *la liberté et la fraternité*.

Compterez-vous sur la province pour sauver Paris ?

Mais par les *six fédérations régionales* composées de toutes ses associations, l'*Internationale* a enrôlé en province les ouvriers comme elle les a enrôlés à Paris.

L'idée de la liquidation sociale a fait chez eux les mêmes progrès, non seulement dans les centres manufacturiers, mais encore dans tous les cantons industriels, et même dans certains villages.

Les comités de cantons et d'arrondissements sont liés au centre départemental, lié lui-même au comité fédératif régional qui reçoit son mot d'ordre de Paris.

Donc, vous le voyez, le gouvernement du quatrième État sera formé : « Et ce jour-là, que la bourgeoisie le sache, nous n'hésiterons pas à l'exproprier purement et simplement pour cause d'utilité publique. »

Et l'armée, dites-vous ?

L'armée ???

Ah ! que Dieu protège la France. Sans quoi le quatrième Etat, vainqueur, mettra le feu aux quatre coins du pays et le sort de la Pologne sera celui de notre malheureuse patrie ; il faudra dire : FINIS GALLIÆ !

Paris. — Imp. Dubuisson et Cᵉ, rue Coq-Héron, 5.   8405

www.ingramcontent.com/pod-product-compliance
Lightning Source LLC
Chambersburg PA
CBHW051349050726
47595CB00006B/2462